www.ingramcontent.com/pod-product-compliance
Lightning Source LLC
LaVergne TN
LVHW021226080526
838199LV00089B/5836

اوتار

(مجموعہ غزلیات)

دیپک قمر

© Deepak Qamar

Autaar *(Ghazals, Poetry)*
by: Deepak Qamar
Edition: January '2025
Publisher :
Taemeer Publications LLC (Michigan, USA / Hyderabad, India)

ISBN 978-93-6908-433-3

مصنف یاناشر کی پیشگی اجازت کے بغیر اس کتاب کا کوئی بھی حصہ کسی بھی شکل میں بشمول ویب سائٹ پر اَپ لوڈنگ کے لیے استعمال نہ کیا جائے۔ نیز اس کتاب پر کسی بھی قسم کے تنازع کو نمٹانے کا اختیار صرف حیدرآباد (تلنگانہ) کی عدلیہ کو ہو گا۔

© دیپک قمر

کتاب	:	**اوتار** (غزلیں)
مصنف	:	**دیپک قمر**
صنف	:	شاعری
ناشر	:	تعمیر پبلی کیشنز (حیدرآباد، انڈیا)
سالِ اشاعت	:	۲۰۲۵ء
صفحات	:	۱۱۶
سرورق ڈیزائن	:	تعمیر ویب ڈیزائن

اوتار (غزلیں) دیپک قمر

دیپک قمرؔ کی غزلیں

○

جواب اِن کے نئی نسل کو ملیں شاید
سوال سب کے دلوں میں اٹھا دئے کیا کیا

غزل کے بدلتے موسموں کے نام

اوتار (غزلیں) دیپک قمر

اَنی رُدھ، رِچا، سنگیتا اور انیش کے لیے

۵

اردو کے نام

گا چکی نغمے بہت تُو تالیوں کے ہال میں
آ مری پنجرے کی مینا اب چہک چوپال میں

گھوم بنجارن سی بن کر بولیاں گاتی ہوئی
راس گھنگھرو باندھ لے اٹھکیلیوں سی چال میں

دل کی خوشیاں ہر طرف اڑتی ہیں رستوں کے بغیر
ناچ موروں کا بندھے کیوں تھاپ میں اور تال میں

وقت کے آنگن سے چُگ ہر رنگ، رس جیوتی مہک
تیرا آنچل پھیل جائے اب ہزاروں سال میں

٦

یوں پرانے لفظ جکڑے ہیں نئے جذبوں کے پر
ایسے لگتا ہے کہ جیسے تتلیاں ہوں جال میں

پھول دل کے اپنے بچوں کی کتابوں میں رکھیں
دشمنی کے سارے پتھر پھینک دیں پاتال میں

میں لیگل بندی کروں گا تیری چہکاروں کے ساتھ
آ بنا لے گھر تو اپنا میرے دل کی ڈال میں

کچھ ادھوری، جھجکتی، دبی بات تھی
چند ہی روز کی بس ملاقات تھی

تم بھی بھیگے ہوئے، ہم بھی بھیگے ہوئے
کس قدر مہرباں اب کے برسات تھی

کیا کہیں کس طرح معرکے سر ہوئے
ان دنوں ہر قدم وہ مرے ساتھ تھی

بدلیاں رو چکیں تو دھنک کی طرح
ہاتھ میں چند یادوں کی سوغات تھی

جانے کس کے پسینے کے موتی تھے وہ
جو حویلی کے ہاتھوں کی خیرات تھی

خامشی تھی، اندھیرا تھا، جنگل بھی تھا
ساتھ میں جگنوؤں کی بھی بارات تھی

کس لیے جی کا کشکول بھرتا نہ تھا
دینے والے کے گھر میں تو بہتات تھی

اوتار (غزلیں) دیپک قمر

۸

○

دے گیا ہاتھ میں کاغذ کورا
آدمی کون تھا چلتا پرزہ

ڈال کے آدھے میں آدھا حصّہ
دونوں رخ مل کے بنے گا سکّہ

اک کہانی کا بناتے پیوند
کوئی بوٹا تو لگایا ہوتا

چاہنے والے بدل جاتے ہیں
ہے محبت کا وہی اک قصّہ

اجنبی ہم کو لگا بس بچپن
شہر کا شہر تھا دیکھا بھالا

سانپ آیا نہ پکڑ میں ڈس کر
اب لکیروں سے وہ لیں گے بدلہ

ہاتھ تھامو تو سنبھل کر تھامو
وقت ہے جنم سے اندھا بہرا

اوتار (غزلیں) دیپک قمر

۹

○

جس نے گھوڑے کو رہ میں روکا ہے
تیر چلتا نہیں وہ بیٹا ہے

کوئی سنتا نہیں محل والا
اس نے زنجیر کو تو کھینچا ہے

پہلے سوچو کہ چاہتے کیا ہو
وہ تو مانگے بغیر دیتا ہے

رنگ دنیا کے دیکھ کر بچہ
کتنے ٹیڑھے سوال کرتا ہے

پیڑ، پنچھی، ندی، ہوا، موسم
جانے کس کس سے اپنا رشتہ ہے

جانے وہ دوست تھا کہ دشمن تھا
جس نے مڑ مڑ کے ہم کو دیکھا ہے

پھول کے بھیس میں کوئی پنچھی
آج کھڑکی پہ آ کے بیٹھا ہے

۱۰

○

اب بھی شفق شفق سے ہے بدن ڈھل نہیں گیا
سورج تو جل کے راکھ ہوا، بل نہیں گیا

ضدی سا آبشار ہے بہے دل میں رات دن
منہہ زور بولتا ہوا، پاگل نہیں گیا

اڑتا ہے میگھ آج بھی پیغام دیجئے
قاصد کسی بھی یکش کا پیدل نہیں گیا

بیٹھا ہوا ہے سامنے اونچے پہاڑ پر
میداں سے بات چیت کو بادل نہیں گیا

جاتا ہے آج ہاتھ سے تو پھر جتن سہی
جس میں امید کی ہے کرن کل نہیں گیا

گھر میں لگی ہے آگ مگر کوئی غم نہیں
صد شکر ہے کہ دل کا ورق جل نہیں گیا

موسم کی برچھیوں نے کیے خون خون پیڑ
ہاتھوں سے پھر بھی زندگی کا پھل نہیں گیا

تٹ سے پہلے کئی بھنور آئے
پار کر کے سبھی مگر آئے

اپنے رہنے کو اک مکاں نہ ملا
راہوں راہوں بہت نگر آئے

جان دی جس نے شہر کی خاطر
سارے الزام اس کے سر آئے

ہم بھٹکتے ہیں ریگزاروں میں
کاش کوئی ڈگر نظر آئے

رات بھر کی سرائے تھی ان کی
لوٹ کر جب کبھی وہ گھر آئے

کونے کونے میں خون بکھرا تھا
سب عقیدے وہیں پہ دھر آئے

آپ بیتی بھی جگ کی بیتی تھی
سب کی آنکھوں میں اشک بھر آئے

اوتار (غزلیں)　　　　دیپک قمر

۱۲

امیدوں کو نہ اب برباد میری شام کرنے دو
بہت ہی تھک گیا ہوں دوستو آرام کرنے دو

جنہیں ہے نام کی پروا، انہیں مالائیں پہناؤ
ہم ایسے بے لباسوں کو انہیں بدنام کرنے دو

گیا ہے بیت کتنا کھیل میں ہی وقت مت پوچھو
ہمیں جانے سے پہلے ختم اپنا کام کرنے دو

گڑھے میں گر کے دل کا پھر نکلنا سخت مشکل ہے
بہت بگڑا ہوا ہاتھی ہے اِس کو رام کرنے دو

کہیں سے لائیے جھرنے کا پانی اوک سے پی لیں
حوالے وقت کے صدیوں پرانا جام کرنے دو

انوکھی بولیاں گاتے ہوئے اڑتے پرندوں کو
ہماری بات گھر گھر میں سنا کر عام کرنے دو

۱۳

○

کہیں دنیا لٹا دی ہے، کہیں عورت بھی ہاری ہے
ہزاروں سال سے یہ آدمی اب بھی جواری ہے

کسی آکاش گنگا سے ندی ہم نے اتاری ہے
اٹھو سوئے ہوئے پرکھو یہ دھرتی پھر سنواری ہے

چھریرا اور مچلتا تن، ابھی بس میں نہیں آیا
گھٹا الھڑ ہے، چنچل ہے، اچھوتی ہے کنواری ہے

گھرے ہیں ہم دکھاوٹ کی کئی جھوٹی سی خوشیوں میں
بہت بے چین رہتے ہیں، عجب حالت ہماری ہے

بہت سے ہاتھ خواہش کے، ہیں پھیلے چاروں سمتوں میں
خزانوں کے سنگھاسن پر، کوئی بیٹھا بھکاری ہے

یہاں سب وار کرتے ہیں، بنا سوچے بنا سمجھے
یہ بستی ہے کہ جنگل ہے جسے دیکھو شکاری ہے

۱۴

ہواؤں کی، صداؤں کی، سبھی سیمائیں توڑی ہیں
کٹے ہوں جیسے سو یگ یہ صدی ایسے گذاری ہے

خبر کچھ بھی نہیں بس راہ تکنا کام ہے اپنا
نجانے کون آئے گا، نجانے کس کی باری ہے

لڑکپن نے سکھایا تھا، خود اپنے پاؤں پر چلنا
ہمیں اب عمر کہتی ہے، چلو حاضر سواری ہے

کہیں ڈھونڈیں گے ہم باہر کسی بدمست جوگی کو
چلن کیا پیار کا جانے، یہ مندر کا پجاری ہے

پٹارہ رات کا بھرنا ہے ہر خواہش کے دامن کو
وہ جادوگر ہے نیندوں کا وہ خوابوں کا مداری ہے

۱۵

اک بھرم آئینے میں جھلکتا رہا
بے بدن عکس سے دل بہکتا رہا

مسکراتی رہی خامشی پھول کی
شاخ پر اک پرندہ چہکتا رہا

رات کے آسماں میں تیرے نام کا
صبح تک اک ستارہ چمکتا رہا

دو بدن مل نہ پائے رہے سامنے
بیچ میں ایک پردہ لٹکتا رہا

پھول کلیوں نے گمراہ اسے کب کیا
اپنی خوشبو سے جھونکا بھٹکتا رہا

بول آنکھوں میں چپ چپ رہے دیکھتے
بے صدا دل کا پیالہ چھلکتا رہا

درد کی اوس پلکوں کے آنچل میں تھی
رات بھر قطرہ قطرہ ڈھلکتا رہا

○

ہر اک لب پر خموشی کی صدا تھی
دعاؤں میں بدلتی سی ہوا تھی

کشادہ پھیلتے آنگن دلوں کے
سبھی کے واسطے گھر میں جگہ تھی

جسے سمجھے ہوئے تھے روشنی ہم
کسی ماں کی پری جیسی دُعا تھی

جو بچی کھیلتی تھی ننگے پیروں
وہ پہلی رت کی ننھی سی گھٹا تھی

رتن جانا تھا جس کو منتھنوں کا
گھڑی وہ زندگی بھر کی سزا تھی

بھنور تھے دائروں کے آسماں میں
یہ گردش ایک نقطے کی خطا تھی

○

آنے والی صدی کے لگتے ہیں
پنکھ اجلے، پری کے لگتے ہیں

بعد مدت کے شہر کی چھت پر
کچھ ستارے خوشی کے لگتے ہیں

ڈوبی کشتی کے تیرتے چپو
حوصلے زندگی کے لگتے ہیں

ہاتھ خونی، کسی درندے کے
پاؤں تو آدمی کے لگتے ہیں

کوئی چہرہ بھی چھو نہیں پاتے
عکس سب آرسی کے لگتے ہیں

یوں اترتی ہیں دل میں وہ نظریں
بول سے خامشی کے لگتے ہیں

ہاتھ پہ ہاتھ دھر کے بیٹھی شام
رنگ یہ بے بسی کے لگتے ہیں

اوتار (غزلیں) دیپک قمر

۱۸

یہیں کہیں تھا مگر اب نشاں نہیں ملتا
کسی بھی موڑ پہ اپنا مکاں نہیں ملتا

وہاں نہ شرط جنم کی، نہ سوچ پر بندش
تلاش ہار گئی وہ جہاں نہیں ملتا

ہر ایک بات کا حل تم نے لکھ دیا پہلے
عجب کتاب ہے جس میں گماں نہیں ملتا

سپرد جس کو وراثت کریں بزرگوں کی
تمام شہر میں ایسا جواں نہیں ملتا

نجانے کس نے کھلائے ہیں پھول پربت پر
ہزار کھوج تھکے باغباں نہیں ملتا

نگر کو ڈھانپ لیا ہے اسی کے پنکھوں نے
زمیں کے سر پہ یہاں آسماں نہیں ملتا

ہر ایک لوٹ کے میلے سے جائے گا تنہا
عجیب رہ ہے کوئی کارواں نہیں ملتا

دیپک قمر
اوتار (غزلیں)

۱۹

○

ہے کل کی تیز ہوا کا اثر کہیں نہ کہیں
چھپا ہوا ہے مکانوں میں ڈر کہیں نہ کہیں

گزر گیا ہے زمانہ مگر سلامت ہے
ہمارے پیار کا ٹوٹا سا گھر کہیں نہ کہیں

ڈھلا جو دن تو وہ آنکھوں کو دے گیا سپنے
یہ رات ہم کبھی کریں گے بسر کہیں نہ کہیں

فقط بدن ہی بدن ہے ہماری نگری کا
ملے گا کاٹا ہوا اس کا سر کہیں نہ کہیں

ہوائیں ڈھونڈتی پھرتی ہیں اس کی خوشبو کو
گرے ہیں رت کے پرندے کے پر کہیں نہ کہیں

اٹھائے بول کی کنجی بھٹکتے پھرتے ہیں
چھپا پہاڑ کے دل میں ہے دَر کہیں نہ کہیں

اوتار (غزلیں) دیپک قمر

٢٠

کھا کے ٹھوکر نہ یوں پھسلنا تم
اپنا قد دیکھ کر اچھلنا تم

دل پہ بندش کبھی لگانا مت
ہر خوشی کے لیے مچلنا تم

ایک ہی رنگ کا بھرم چھوڑو
بھیس موسم میں نت بدلنا تم

ہر قدم سوچ کر ہی چلنا کیا
لڑکھڑاتے ہوئے سنبھلنا تم

۲۱

چاند سورج نہ کام آئیں گے
اپنی لو کے نشے میں جلنا تم

سب مکھوٹے اتار کر رکھنا
منہ کھلے شہر میں نکلنا تم

ایک بچے کا پھول سا دل ہو
تتلیاں دیکھ کر بہلنا تم

آج ملنا ہے کل بچھڑنا ہے
یہ سمجھ کر ہی ساتھ چلنا تم

۲۲

دو گھڑی چھینٹے اڑا کر کیجئے بد مستیاں
جنگلوں میں پریمیوں کی راہ دیکھیں ندیاں

سینہ تانے چھیل کھیوٹ ناؤ میں گاتا ہوا
آندھیوں میں ٹوٹ جائیں گے جیالے بادباں

مست پروا ہے کہ لہنگے میں ہے دیہاتن کوئی
جھولتی ہیں چلتے چلتے بدلیوں کی بالیاں

چڑھ کے اونچے پیڑ سے تم زندگی کو توڑ لو
ناریل سا جسم اس کا من میں میٹھی نرمیاں

موتیوں کے ہار پہنے سبز آنچل اوڑھ کر
دور تک لہرا رہی ہیں گھونگھٹوں میں کھیتیاں

تھے بڑے دل ان کے چاہے تنگ گلیاں تھیں بہت
روکتی ہیں راہ میں لے کر وہی اب برچھیاں

سیدھی سادی بات کی لیکر چٹائی بیٹھے
گاؤں کی چوپال میں کام آئیں گی کیا کرسیاں

۲۳

○

چند چیزیں ساتھ اپنے لائے ہیں
مدتوں کے بعد وہ گھر آئے ہیں

کوری باتیں کس قدر ہیں کام کی
چکنے آدرشوں سے دھوکے کھائے ہیں

ہاتھ ملتے رہ گئے ہم چھوڑ کر
ساری دنیا پا کے وہ پچھتائے ہیں

جب غرض ہو دوستی نبھتی ہے خوب
سارے رشتوں سے سمجھو یہ پائے ہیں

اب نہ چُھپیئے مصلحت کی اوٹ میں
چل کے کوسوں ملنے والے آئے ہیں

رنگ چہرے کا اڑایا دھوپ نے
بارشوں سے دو کنول کملائے ہیں

جنگلی منکوں کی مالا کے لیے
نولکھے سب ہار بھی ٹھکرائے ہیں

اوتار (غزلیں) دیپک قمر

۲۴

ایک دن خود ہی کہیں سے آنے والا آئے گا
اس سرائے سے تجھے وہ ساتھ ہی لے جائے گا

زرد پتے جھاڑ کر گم سم رہو گے کب تلک
جو نہ موسم ہیں کھلے گا بعد میں پچھتائے گا

سانولا گھن گھور بادل چھا گیا آکاش پر
یہ برس اٹھا تو ست رنگی دھنک دکھلائے گا

روشنی کا رتن نکلے گا اسی کی کوکھ سے
یہ شفق کا خون بہہ کر رنگ آخر لائے گا

غم کی شدت نے کیا خاموش سا پتھر اسے
تیر کس کی بات کا جھرنے کا دل چھلکائے گا

ایک بھنورا ابھی پہن سکتا ہے چکوے کا لباس
ایک کا ہو کر یہ ہرجائی نبھا کب پائے گا

اوتار (غزلیں)　　　　دیپک قمر

۲۵

○

پھول کے لب پہ پیار شبنم کا
قطرہ قطرہ نہان سنگم کا

پیڑ اپنا مزاج مست چھوڑے
کیا بھروسہ بدلتے موسم کا

رستا جائے رگوں میں آہستہ
زہر میٹھا سا پیار کے غم کا

خواہشوں سے کبھی نہ منہہ موڑو
آج نروان یہ ہے گوتم کا

رنگ ہم کو چڑھے گا دیا ہی
روپ جیسا ہے اپنے پریتم کا

من کے دوارے پہ بول پہونچیں گے
ہاتھ پکڑا انہوں نے سرگم کا

یہ اماؤس کی رات اندھیاری
چاند آیا کہاں سے پونم کا

اوتار (غزلیں) دیپک قمر

۲۶

○

سن رہے ہیں کوئی تارہ سیر کرتا آئے گا
جانے کیا پیغام دھرتی کے لیے وہ لائے گا

پھول اک دن خواہشوں کا دھوپ میں کملائے گا
پتیاں بکھریں گی اس کی بیج ہی رہ جائے گا

بانٹ کر آئے گا سب کچھ شہر کے بازار میں
ہر مہینے خالی جیبیں گھر کو وہ دکھلائے گا

تو ہواؤں سا گذر دامن بچا کر راہ سے
پھول کا تو کام ہے ہنس ہنس کے وہ مہکائے گا

ٹکڑے ٹکڑے ہوں گے سورج اور ستارے ہر طرف
کر کے تانڈو، شو سبھی برہمانڈ کو بکھرائے گا

اس کے غصے سے بگولے اٹھ رہے ہیں دھوپ میں
گرم دلِ صحرا جو بولا آگ ہی برسائے گا

ایک بھی چبھتا سا کانٹا ان کی پرتوں میں نہیں
پھول سی باتیں ہیں اس کی سب کو ہی مہکائیگا

○

ایک دن ایسے اتر جائیں گے ہم پاتال میں
پھر پکڑ پائے گا کوئی بھی نہ اپنے جال میں

رس بھرے گا، پھل ملے گا، کیا پتہ، کس کو خبر
پھول کتنے ہنس رہے ہیں موسموں کی ڈال میں

کوئی سورج کے گلے میں ایک گھنٹی ڈال دے
سوچتے ہیں سب ستارے رات کی چوپال میں

پیڑ پیلا پڑ گیا ہے، سوچتے ہی سوچتے
چلتی پھرتی ہے ہوا کیا مست اپنے حال میں

لڑکھڑاتے چل رہے ہیں اب نجانے کس طرف
زندگی کے پاؤں اب پڑتے نہیں ہیں تال میں

برف کی چلمن سے جھانکیں نیلی آنکھیں جھیل کی
گرمیوں کا دل دھڑکتا سردیوں کی شال میں

گدگدی باتوں کی ہنسنے کھیلنے کی اب کہاں
اُس میں کتنا ہو گیا ہے فرق اک ہی سال میں

روشنی بازوؤں میں مچلتی رہے
زندگی بن کے مورت پگھلتی رہے

من سے من جو ملیں سر سے سر بھی سٹے
تیری میری یگل بندی چلتی رہے

سوانگ بھر بھر کے، سنگار کرتے ہوئے
موسموں کی سواری نکلتی رہے

رات کا چاند پہلو میں سورج بنے
دن نکلتا رہے، رات ڈھلتی رہے

دائیں کبھی ہم چلیں، بائیں کبھی ہم چلیں
پالکی میں وہ پہلو بدلتی رہے

زندگی کے اندھیروں میں ہو روشنی
چاندنی کی کنی من میں جلتی رہے

پنکھ مت کاٹیے چاہتوں کے کبھی
من کی چڑیا پھدکتی، اچھلتی رہے

○

نظر کے سامنے بیٹھی نہیں ہے
صدا کی اپسرا دیکھی نہیں ہے

پرانے پیڑ کو کہتا ہے موسم
تمہارے نام کی چھٹی نہیں ہے

لہو کا ہے مزاج اپنی زمیں سا
وہ سب کچھ دیکھ کر کہتی نہیں ہے

ہماری شاخ پر پتے بہت ہیں
عبارت پھول کی لکھی نہیں ہے

کہاں آوارہ دل پہنچا بھٹک کر
یہاں تو دور تک بستی نہیں ہے

لئے ہے فاختہ ننھی سی ٹہنی
اسے کچھ فکر تیروں کی نہیں ہے

ہے کہرا عمر کا نظروں کے آگے
سنہری چاندنی میلی نہیں ہے

اوتار (غزلیں) دیپک قمر

۳۰

آنکھیں تیری، تن من تیرے
روم روم میں درشن تیرے

پاوس پڑوا کے ہاتھوں میں
بادل بادل دامن تیرے

اندھیارے کی دیواروں میں
سات جھروکے روشن تیرے

اپنے آپ میں تجھکو دیکھوں
چاروں اور ہیں درپن تیرے

ساگر ساگر شیش جھکونے
پربت پربت آسن تیرے

پھول کبھی میں دوب کبھی میں
پھاگن تیرے، ساون تیرے

اوتار (غزلیں) دیپک قمر

۳۱

سانس سانس میں دھڑکن سرگم
بوند بوند میں منتھن تیرے

کھلے ہوئے پٹ آکاشوں کے
چاند ستارے آنگن تیرے

جوگ ہوا جب سے بھوگوں میں
مکتی جیسے بندھن تیرے

یگوں یگوں بن باس ہے میرا
جنم جنم پھیلے بن تیرے

٣٢

کوئی بنجارہ بھکاری آئے گا
سب خزانے پا کے بھی ٹھکرائے گا

رت گذر جائے گی اس کے پاس سے
پھول سا مکھڑا یونہی مرجھائے گا

اس نگر میں اب تو رہنا ہے کٹھن
ہر پڑوسی تیر ہی برسائے گا

پیچھے بھاگو سوچ کر ہر موڑ پر
ایک سونے کا ہرن بہکائے گا

وقت کا منتھن سدا جس نے کیا
لمحے لمحے کا رتن وہ پائے گا

اب دھماکے شہر کی آواز ہیں
آنے والا دور سے گھبرائے گا

دیکھ کر بھی کچھ نہ بتلا پاؤ گے
اپنا چہرہ جب بھی وہ دکھلائے گا

اوتار (غزلیں) دیپک قمر

۳۳

ہاتھ مت ڈالو نئے کچے پھلوں میں
رس بھرے گا دیکھنا کچھ ہی پلوں میں

جسم میں دھرتی سموئی کامنی نے
سات ساگر بھر لئے دو چھاگلوں میں

دیکھتا ہے پیڑ اپنی ڈالیوں کو
جھڑ گئے پتے ہوا کے چونچلوں میں

دھند سے پگڈنڈیاں لٹکی ہوئی ہیں
گاؤں پربت کا چھپا ہے بادلوں میں

پنچھیوں، ہرنوں، درختوں نے ہوا میں
آدمی کا نام لکھا پاگلوں میں

بادلوں کی تیز جھڑیاں روز برسیں
کام سورج کا نہیں ہے دل جلوں میں

دل کے ٹکڑے دیدیئے سارے جہاں کو
ماں کی ممتا ہے سمائی چاولوں میں

۳۴

○

بہکی بہکی باتیں جن کے پاؤں نہیں اور بات نہیں
ان کے بل پر کچھ بھی کرنا تیرے بس کی بات نہیں

رہ چلتوں کو ٹھگنے والے شہر کھڑے ہیں رستے میں
ہاتھ ہلاتے نئی سڑک کے آس پاس دیہات نہیں

دستک پر دستک دیتے ہیں ہاتھ بھری دوپہری کے
کیسے سمجھائیں دونوں کو باہر دن ہے رات نہیں

بن جانے ہی بھاگ رہا تھا دُنیا آگے پیچھے تھی
چلتے چلتے رک کر دیکھا کوئی بھی اس کے ساتھ نہیں

کون بھرم میں ہوا اٹھائے بھرتی تھی کاغذ اس کا
کٹا ہوا دل کا ٹکڑا تھا خوشبو کی سوغات نہیں

پھول کھلائے جانے کس نے کہیں کہیں کیسے کیسے
کوسوں کوسوں دور دور تک صحرا ہیں برسات نہیں

اس جنگل کو بادل پانی اپنے آپ پلاتے ہیں
کوزے لے کر کھڑے قطاروں میں شہری باغات نہیں

اوتار (غزلیں) دیپک قمر

۳۵

○

رات رات بھر چاہے دل نے تکیے کئی بھگوئے تھے
مگر سامنے جب جب آئے ہم نہ کبھی بھی روئے تھے

صدیوں سے دھول کی پرتیں چاٹ رہی ہیں شاخوں کو
برگد جیسے رنگ محل کے خواب کسی نے بوئے تھے

من کا منتھن کیا نہ ہم نے، رتن کہاں سے مل پاتے
برسوں برسوں بھٹک بھٹک کر ساگر کئی بلوئے تھے

پھولوں کا جب موسم بدلا، سب سنگار تبھی ختم ہوئے
یاد نہیں ہے اب تو ہم کو، کتنے ہار پروئے تھے

دھوپ بھری راہوں پہ چلنا، یہی ہماری قسمت ہے
کتنے ہی سپنوں سے سائے پیڑوں نیچے سوئے تھے

کسی جزیرے میں اترے تھے موجوں کا منہ موڑ کے ہم
آگ لگا دی تھی ناووں کو، بجرے سبھی ڈبوئے تھے

رستہ بھی تھا قدموں نیچے، منزل بھی تھی نظروں میں
چلنے والوں کے دل لیکن، اپنے آپ میں کھوئے تھے

اوتار (غزلیں) دیپک قمر

۳۶

○

بھول غموں کو سو جانے کی عادت کیسی ہوتی ہے
نیا زمانہ پوچھ رہا ہے، فرصت کیسی ہوتی ہے

دنیا نے منہ موڑا ایسا، اب تو یہ بھی بھول گئے
جانے پہچانے لوگوں کی صورت کیسی ہوئی ہے

مخمل کی کرسی پر بیٹھے بیٹھے تھک کر او ب گئے
خون پسینے کے ہاتھوں کی محنت کیسی ہوتی ہے

پیار نہیں ہے سودا کوئی، مول تول کا کام نہیں
پیار نہ جانے لین دین کی دولت کیسی ہوتی ہے

ایک پہاڑی پر بیٹھا وہ، خط دیتا ہے میگھوں کو
خود کو بھرم سے بہلانے کی لذت کیسی ہوتی ہے

ہم ٹھہرے روکھی کھا کر ٹھنڈا پانی پینے والے
رات رات کھانے پینے کی دعوت کیسی ہوتی ہے

اس کی مالائیں پتھر ہیں، پھول پڑے ہیں قدموں میں
دیوانے کو خبر نہیں ہے عزت کیسی ہوتی ہے

اوتار (غزلیں) دیپک قمر

۳۷

○

آسماں دور تھا اور زمیں پاس تھی
سر پہ تارے تھے قدموں تلے گھاس تھی

سب بھرے پیٹ محلوں کے چاروں طرف
بھوک ہی بھوک تھی پیاس ہی پیاس تھی

پھول مرجھا گیا شہر کے لان میں
دشت کی کیسی آب و ہوا راس تھی

کوئی موتی کی مالا سے بے چین تھا
سیپ کی آنکھ میں بوند کی آس تھی

کس بھرم میں ہوا لے گئی توڑ کر
پھول کے جسم میں باس ہی باس تھی

وقت نے اس کے دیوار و در کیا کئے
یہ حویلی حسینوں کی رنواس تھی

۳۸

○

بول میٹھے ہیں دُھن سہانی ہے
بہتی گنگا غزل کا پانی ہے

ہم کو لگتی ہے آپ بیتی سی
بھیس بدلے ہوئے کہانی ہے

جادوگرنی ہے رات کی بڑھیا
جس کے بس میں بھری جوانی ہے

لے گیا اس کو کوئی بانہوں میں
اپنے ہاتھوں میں بس نشانی ہے

سب کی سن کر بھی چپ رہینگے ہم
بات پیڑوں کی دل نے مانی ہے

ہم سے کیا سوال پانی کا
ہم نے صحرا کی خاک چھانی ہے

٣٩

بے نشاں پگ دھریں گے ساگر میں
بن ڈگر ناؤ اب چلانی ہے

چھوڑ سبھا گا وہ جس کو ہر ٹیگ ہیں
زندگی گویا نل کی رانی ہے

آگ امبر سے پھینکنے والو
رنگ کھیتوں کا اب بھی دھانی ہے

اب غزل کا لباس بدلے گا
اس کی چولی بہت پرانی ہے

اوتار (غزلیں) — دیپک قمر

۴۰

ہلورے گنگناتی بالیوں کے
بناتے دائرے سرگوشیوں کے

بہت ہیں وار تیکھے بجلیوں کے
کٹیں گے پنکھ چنچل بدلیوں کے

اکیلے آ گئے جانے کہاں ہم
نشاں ملتے نہیں ہیں ساتھیوں کے

افق پہ شام نے پٹکی ہیں بانہیں
بکھیرے کانچ ٹکڑے چوڑیوں کے

ڈبوئیں گے نگر کو ساتھ اپنے
بھنور دل میں سب بنے ہیں باسیوں کے

چھپا کر لے گئے سورج کی کرنیں
گھنیرے سائے گہری وادیوں کے

کلی دل کی نجانے کب کھلے گی
بھرے پھولوں سے بازو ٹہنیوں کے

○

آسمانوں سے اترتی من چلی گنگا نہیں
اپنے بالوں میں ابھی تک چاند کا ٹکڑا نہیں

دھوپ کا سر پر کلس ہے پیاس کا مارا ہوا
بدلیوں کا زندگی کے پیڑ پر جھولا نہیں

ایک دن رہ جائے گی پھیلی ہوئی صحرا کی ریت
دو دلوں کے درمیاں دریا اگر بہتا نہیں

جھینی جھینی عمر سے سب آرزوئیں بہہ گئیں
ڈالیوں کے جسم پر رُت کا کوئی گہنا نہیں

بہنے والی جل کی دھارا جا کے ساگر سے ملی
پتھروں میں جم کے بیٹھی برف کو رستہ نہیں

ہم اترتے ہیں ہر اک لمحے کے دل میں دور تک
آج کی دھن میں کبھی کل کا نشاں دیکھا نہیں

یہ چمکتے موتیوں کا تاج سر کا بوجھ ہے
اے حسیں قوس و قزح اتنا غرور اچھا نہیں

وقت باندھا زندگی نے پائلوں میں
چاند سورج رات دن کے آنچلوں میں

دل کے چھتنارے میں دروازے کھلے ہیں
لاکھ زنجیریں بھی ہیں ان سلسلوں میں

کشتیاں امید کی ڈوبیں گلے تک
خواب کی آنکھیں ہیں اتریں دلدلوں میں

بند ڈبہ زندگی بے بال و پر ہے
قید ہے تہذیب رنگیں بوتلوں میں

سوچ لیں ان کے بھی بچے شہر میں ہیں
بانٹتے ہیں مشعلیں جو من چلوں میں

موت گردن کاٹتی ہے ٹہنیوں کی
زندگی چھپ کر ہے بیٹھی کونپلوں میں

پیڑ پنچھی خودکشی کرنے لگے ہیں
یہ ہوا کیسی چلی ہے جنگلوں میں

اوتار (غزلیں) دیپک قمر

۴۳

○

عمر بھر دل سے بھرم باندھا نہ تھا
یہ جہاں سچ ہے کوئی دھوکا نہ تھا

چند لمحوں کا تھا دامن اس طرح
ہاتھ میں آدھا تھا اور آدھا نہ تھا

ڈھونڈتا پھرتا ہے آوازوں کے پر
دوسروں کی جو کبھی سنتا نہ تھا

گر گیا آخر ہواؤں کا سوار
وہ زمیں پر پاؤں تک رکھتا نہ تھا

وہ نگاہیں منتظر تھیں راہ میں
یہ تماشا آج تک دیکھا نہ گیا

یہ تو منتھن سے ملا ہے اک رتن
ہم نے میٹھا زہر تو مانگا نہ تھا

جو ہوا، کیسے ہوا، بس ہو گیا
بن کئے سپھل پا لیا، چاہا نہ تھا

اوتار (غزلیں) دیپک قمر

۴۴

○

اندھیرے میں بلا سی
اداسی ہی اداسی

کسی کے تن کی خوشبو
پھرے اڑتی ہوا سی

محبت کو زبان دی
خموشی کی دعا سی

وہی انساں درندہ
مگر صورت جدا سی

یہ بے قابو طبیعت
لگے پیاری خطا سی

چڑھی اسڑی جوانی
نئی رت کی گھٹا سی

کھلی خواہش کی کونپل
بہت کمسن، ذرا سی

اوتار (غزلیں) دیپک قمر

۴۵

ہم رک گئے تھے راہ میں اک رات کے لیے
اب تک ترس رہے ہیں کسی ساتھ کے لیے

برگد کے ایک پیڑ پر پنچھی ہیں بے شمار
جاتے ہیں روز ان سے ملاقات کے لیے

کشکول خود لیے ہے یہ پتھر دلوں کا شہر
پھرتے ہیں آپ کون سی سوغات کے لیے

شوجی نہیں ستی کو اٹھا کر جو لے چلے
بھیرو تو ساتھ ہیں بارات کے لیے

میگھوں کے دوت آئے سندیشہ نہ لے گئے
مانگی دعائیں رات دن برسات کے لیے

پیڑوں کے پھل ہیں ترش، تو مالی سے پوچھیے
موسم کو کوستے ہو کیوں حالات کے لیے

۴۶

غنچے کھلیں گے کونپلیں پھوٹیں گی نت نئی
تازہ ہوا یہ خوب ہے باغات کے لیے

دے آسرا قدم قدم اور ساتھ لے چلے
بیٹھے رہو گے کب تلک اس ہاتھ کے لیے

جل کر چتا کی آگ میں وہ راکھ ہو گیا
کچھ پھول دل کے رہ گئے خیرات کے لیے

ہے بول چال کی زباں، اردو مہک بھری
گنگ و جمن کا عطر ہے حضرات کے لیے

وقت پہروں بیٹھکر سمجھائے گا
وہ کسی دن لوٹ کر پھر آئے گا

جب کبھی چھو لے گا کوئی چلتے ہوئے
رہ کا پتھر آدمی بن جائے گا

دور کی اڑتی خبر کا پر ملا
کب تلک اس سے وہ جی بہلائے گا

کھیتیاں تکتی ہیں رستہ میگھ کا
چونچ میں بھر کر وہ موتی لائے گا

پھینک دو ہاتھوں سے سب تیر و کماں
یوں نہ کوئی فیصلہ ہو پائے گا

یہ کھسکتی ریت پر اونچا محل
کس کا پرچم اس جگہ لہرائے گا

رخ بدلتا راستہ ہے پیچ دار
ہر گھڑی یہ سانپ سا بل کھائے گا

۴۸

○

کوئی آواز سویرے ہی جگا دیتی ہے
چپکے چپکے ہمیں منزل کا پتہ دیتی ہے

ہم سے مرجھائے ہوئے پتوں کو بے شک توڑے
یہ ہوا کس لیے کونپل کو سزا دیتی ہے

وہ محبت ہے جو سیلاب ہیں کشتی کے بغیر
ملنے والوں کو ندی میں بھی ملا دیتی ہے

ایک درویش قلندر کی ذرا سی ٹھوکر
اس کے قدموں میں سکھر یروں کو جھکا دیتی ہے

وہ محبت ہو، ریاضت ہو یا دنیا کی ہوس
ہر کسی شخص کو دیوانہ بنا دیتی ہے

بیتے لمحوں کے لیے روئیں تو ہم کیوں روئیں
کوئی بھی عمر ہو اپنا ہی مزا دیتی ہے

ایک سیلاب ہے شہرت کا اترتا چڑھتا
جب گزر جاتا ہے دنیا بھی بھلا دیتی ہے

○

جہاں جی میں آئے چہکتی پھرے
اچھوتی جوانی پھدکتی پھرے

سمندر سے بدلی بھرے گاگریں
ہر اک راستے پر چھلکتی پھرے

نہ پھولوں کی شاخیں نہ خوشبو کے پر
ہوا رُت کو چھو کے مہکتی پھرے

مسافر نشاں ڈھونڈتا راہ کے
خیالوں میں منزل بھٹکتی پھرے

زباں بول بخشے جو آواز کو
صدا دل میں اترے کھنکتی پھرے

نہ ان دیکھا چہرہ وہ دیکھے کبھی
نظر منظروں میں بہکتی پھرے

زمیں دل میں رکھ لے گی آخر اسے
گھٹاؤں میں بجلی چمکتی پھرے

○

ہر پرندے کی بات سنتا ہے
بے زباں پیڑ سب سے اچھا ہے

جس قدر ہم نے بھید سمجھا ہے
کوئی منزل نہ کوئی رستہ ہے

ان اندھیروں کو کس لئے کوسیں
روشنی بن کے پھول کھلنا ہے

چلنے والا نکل گیا آگے
قافلہ راستے میں ٹھہرا ہے

جس کی خاطر ہیں جاگتے رہتے
وہ ابھی پالنے میں سوتا ہے

۵۱

ان دنوں دل میں تنہا سا
ایک گم سم خیال رہتا ہے

بے گھروں کے قدم نہیں رکتے
ان کا آنگن تمام دنیا ہے

دل بہلتا ہجوم میں رہ کر
خود سے ڈرتا ہوا وہ تنہا ہے

کل کی باتوں سے بے خبر ہم ہیں
سات جنموں کا کیا بھروسہ ہے

اوتار (غزلیں) دیپک قمر

۵۲

ان کہا ان سنا بیاں اب تک
بات اٹکی ہے درمیاں اب تک

کہنے والا کھڑا ہے ڈائس پر
خالی خالی ہیں کرسیاں اب تک

رت کے ہاتھوں نے دور ساگر میں
روک رکھی ہیں بدلیاں اب تک

کیا دلوں میں رہیں گے وہ دونوں
گھر کو پایا نہیں مکاں اب تک

باٹ سنگم پہ دیکھتی ندیاں
کون رہ پر ہے وہ رواں اب تک

وقت گذرے پہ ہے نصیحت کیا
دوست سارے رہے کہاں اب تک

پیڑ پروا سے کیا لپٹتا ہے
دور شاید ہیں آندھیاں اب تک

اوتار (غزلیں) دیپک قمر

۵۳

○

چلتے چلتے شوخ مٹیارن سی بل کھاتی ہوئی
ایک پگڈنڈی اکیلی گاؤں کو جاتی ہوئی

اپنے چہرے پر شروع سے آنکھ تھی اک تیسری
ہر قدم ہر آئینے میں شکل دکھلاتی ہوئی

اب بھٹکتی پھر رہی ہے پتھروں کے شہر میں
زندگی ملتی نہیں راہوں پہ اٹھلاتی ہوئی

یہ جنم کی تیز خوشبو جسم سے جاتی نہیں
عمر بھر ہر شاخ کو چندن سا مہکاتی ہوئی

اس نے راکھ کر ڈالے امیدوں کے محل
شہر سے گذری ہے کیسی آگ برساتی ہوئی

بے خبر اس کو کہ ڈھلتے سائے سی ہر چیز ہے
پھر بھی آنگن میں پھرے ہے دھوپ اترائی ہوئی

یہ محبت کی زباں ہے بن سنے ہی جان لے
آنکھوں آنکھوں میں کئی باتوں کو سمجھاتی ہوئی

•

اوتار (غزلیں)

۵۴

رات بھر چاہے اسے ہم نے پکارا ہوتا
خواب تو خواب تھا کیسے وہ ہمارا ہوتا

جل کی دھارا کے مچلنے سے ندی بن جاتی
برف سے دل میں اگر اک بھی شرارہ ہوتا

توڑ دیتا نہ انہیں وقت تو کھنڈر کی جگہ
دیکھنے والوں یہاں اور نظارا ہوتا

دب گئے اس کے تلے کوئی بھی منزل نہ ملی
راستے میں ہی کہیں بوجھ اتارا ہوتا

باڑھ کی دوڑ پریشان خیالوں کی طرح
اُتھلے دریا کا نہیں کوئی کنارا ہوتا

سلسلہ گھور اندھیروں کا چلے گا کب تک
ان چراغوں میں کوئی صبح کا تارا ہوتا

اوتار (غزلیں) دیپک قمر

۵۵

○

رات کے وقت کیسی یہ آہٹ ہوئی
کوئی آیا نہیں نیند چوپٹ ہوئی

آپ کیا آ گئے سب اندھیرے چھٹے
چاندنی رات کی مسکراہٹ ہوئی

بھول بیٹھے کہ جانا ہے کوسوں پرے
دل کو دنیا سے کیسی لگاوٹ ہوئی

سب سنایا ہوا ان سنا ہو گیا
بات اپنی فسانے کی تلچھٹ ہوئی

کوئی اٹھ کر سویرے اٹھا دے اسے
پھر شفق ایک دلہن کا گھونگھٹ ہوئی

ڈال پر جب پکا صبر کا پھل ملا
کام بننے لگا بات جھٹ پٹ ہوئی

سب کے آنچل اتارے بھرے شہر میں
پھر لجیلی ہوا مست نٹ کھٹ ہوئی

اوتار (غزلیں) دیپک قمر

۵۶

امیدوں سے مرا گھر بھر گیا ہے
نہ جانے کون سپھر آکر گیا ہے

ابھی گذرا ہے سورج دے کے دستک
نیا اخبار در پر دھر گیا ہے

چلو لاشوں میں ڈھونڈیں آدمی کو
درندوں کا ابھی لشکر گیا ہے

اٹھا کر چاند آنچل چاندنی کا
ہمارے صحن سے چھت پر گیا ہے

سیہ بلی کے پنجوں میں تڑپ کر
سویرے کا پرندہ مر گیا ہے

اوتار (غزلیں) دیپک قمر

۵۷

نہیں اب دیکھتا درپن میں چہرہ
وہ اپنے آپ سے بھی ڈر گیا ہے

ڈگر میں سانپ نے کاٹا ہے شاید
ادھر سے بھاگتا وہ گھر گیا ہے

اندھیروں میں نگاہیں ڈھونڈتی ہیں
افق پر کس طرف منظر گیا ہے

کسی کی بات کے اب تک نشاں ہیں
دلوں کو روندتا پتھر گیا ہے

○

کاجل بھرا ہے نین میں اور منہ میں پان بھی
ملتا نہیں ہے روپ کا لیکن نشان بھی

اب کیا کہیں وہ چھجا نکلنے ولے نہیں رہے
نٹ کھٹ گلی وہی ہے اور بانکا مکان بھی

دل کی پرانی بانسری لے کر کہیں چلیں
ترکش کے ساتھ توڑ دیں تیر و کمان بھی

اس تنگ دل سے شہر میں کیا سوچ کے بسے
آنگن گیا تھا ساتھ میں کھویا ہے لان بھی

جنگل کے باسیوں کے سبھی جال کاٹ دیں
پھینکے اڑا کے آندھیاں اونچے مچان سبھی

چھوٹے سے دل کا اور تھا اک پاؤں تیسرا
دینے کو دیدئے تھے اسے دو جہان بھی

ان کی غزل کا کیا کہیں، جادو چراغ ہے
رہنے کو یہ مکاں ہے، گھر کی دکان سبھی

بادلوں کا کہیں سے اشارہ نہیں
رُت کا پیاسی زمیں کو سہارا نہیں

ہیں بھنور ہی بھنور دل کو گھیرے ہوئے
ہر طرف تیز پانی، کنارا نہیں

خواب کے واسطے روٹھنا بے وجہ
کچھ ہمارا نہیں، کچھ تمہارا نہیں

پیڑ کپڑے بدلتے نئے سے نئے
وہ اتارے سے پہنتے دوبارہ نہیں

گھومتے جو ہیں لٹّو کی صورت سدا
ان کی قسمت میں کوئی نظارا نہیں

اس کو ملنے چلے آئے خود دیوتا
جس نے آواز دے کر پکارا نہیں

دل ملے پہ تو بیٹھک تھی پہروں تلک
آج ملنا بھی ان کو گوارا نہیں

اوتار (غزلیں)

جیتے جی یہ آدمی ایک فن بنے
اس کی مٹی بھی زمیں کا دھن بنے
آگ، پانی، خاک سے یہ تن بنے
آسماں سے اور ہوا سے من بنے

زندگی ہو دھوپ میں اک پیڑ سی
موت میں جلتا ہوا چندن بنے

ہر بھرم کی توڑ دیں زنجیر ہم
اس طرح سے پیار کا بندھن بنے

رام بن نا بس سے باہر ہی سہی
کچھ بنے لیکن نہ وہ راون بنے

فیصلوں کے واسطے چوپال ہو
ساری دنیا ایک ہی آنگن بنے

چال سے اوروں کی رہ مت روکئے
بات ایسی کیوں کرو الجھن بنے

٦١

باتوں میں خنجر ہی خنجر
دل میں دبکا بیٹھا ہے ڈر

جانے کون یہاں رہتا ہے
چاروں سمت کھلے ہیں سب در

شانت بکھیرو کچھ گنتی کے
باز لڑا کے لشکر لشکر

من کے موتی سیپی سیپی
چور چرائے تن کے زیور

ایسے ہی پل بن جائے گا
ڈالے جاؤ کنکر پتھر

کالی ناگن کھا جائے گی
کل دنیا کر کے مٹھی بھر

○

رنگ ہر موسم کے اکثر دیکھئے
زندگی منظر بہ منظر دیکھئے

سچ اکیلا ہے نظر آتا نہیں
جھوٹ کے لشکر بہ لشکر دیکھئے

دوریوں، نزدیکیوں کی راہ کا
پاؤں میں کیسا ہے چکر دیکھئے

اونچے میناروں سے مت کھائیں بھرم
پہلے بنیادوں کے پتھر دیکھئے

جب اکھاڑیں آندھیاں کشتی کے پیر
اس گھڑی مضبوط لنگر دیکھئے

۶۳

بے زباں یہ کون ہے کب کا کھڑا
جھانک کر کھڑکی سے باہر دیکھئے

یہ حقیقت کا پرندہ خواب ہے
ہر طرف اڑتے ہوئے پر دیکھئے

خامشی تالی ہے تنہا ہاتھ کی
ہو سکے تو بات کہہ کر دیکھئے

تیرے حصے کی یہی ہے روشنی
لو دیئے کی گھر کے اندر دیکھئے

اوتار (غزلیں) دیپک قمر

۶۴

○

جس جگہ تھا نہ کوئی نشاں دور تک
بن گئی ہیں وہاں بستیاں دور تک

ایک پھیلاؤ ہے جس طرف دیکھئے
دور تک آسماں، آسماں دور تک

باٹ دیکھو یہاں دل کے پٹ کھول کر
اس کو کھوجیں تو کھوجیں کہاں دور تک

کوئی تٹ ڈھونڈ لو زندگی کے لیے
ساتھ دیں گے نہ یہ بادباں دور تک

وقت کے ہاتھ میں پھول مرجھا گیا
بن کے خوشبو گئی داستاں دور تک

دن کے راہی نے پھر دیکھ لیں منتظر
ٹمٹماتی ہوئی بتیاں دور تک

دل کے پربت پہ آشاؤں کے جھمگھٹے
زینہ زینہ سجیں کھیتیاں دور تک

کوئی نہیں یہاں اسے کمرے دکھا دیئے
خالی مکاں نے دل کے بھرم سب مٹا دیئے

اک دوسرے سے پوچھتے پھرتے ہیں ان دنوں
پرچم تمام شہر کے کس نے جھکا دیئے

شاید کبھی ملیں تو خزانہ ہوں وقت کا
سکے جو پاس تھے وہ زمیں میں دبا دیئے

کس رُت کی روشنی کی تمہیں اب تلاش ہے
پھولوں نے سب چراغ کبھی کے بجھا دیئے

اک دوسرے کے پاس ہیں قبریں بنی ہوئیں
دیکھو کہاں پہ چاہنے والے ملا دیئے

اب بھی یہ راکھ کس لیے رکھی ہے ہم نے پاس
گزرے ہوئے دنوں کے وہ کاغذ جلا دیئے

پھولوں کی بیلیں بن گئیں باتوں کی سیڑھیاں
پتھر دلوں کے بند جھروکے سجا دیئے

○

یہ اڑتی پھرتی مہک ہے اسے چھپائے کون
نگر ودھو سے لگن کر کے گھر بسائے کون

یہاں پہ بستے ہیں سورج کو پوجنے والے
بجھے چراغ کے چہرے کو اب ہنسائے کون

نئے پکھیرو بھی سوتے ہیں دھوپ چڑھنے تک
تھکی ہیں صبح کی کرنیں انہیں جگائے کون

کھنڈر پرانے زمانے کی یادگاریں ہیں
نئے سرے سے انہیں جوڑ کر بنائے کون

چلی ہے رات سوئمبر میں سج کے گہنوں سے
افق کی مانگ کو سیندور سے سجائے کون

چلے تھے کس کے بھروسے پہ لیکے کشتی کو
بہت ہی تیز ہے طوفان اب بچائے کون

سیہ لباس میں پھرتے ہیں لوگ راتوں کو
چراغ شہر کے مینار پر جلائے کون

اوتار (غزلیں) دیپک قمر

٦٧

دن میں چاہے ادھر سے ادھر جائیے
رات ہونے سے پہلے ہی گھر جائیے

ریت ہے پریت کی من کی من میں رہے
اس کو دیکھے بنا ہی گذر جائیے

باٹ دیکھے اگر کوئی تب لوٹیے
ایک دیپک کہیں در پہ دھر جائیے

غور سے دیکھیے سانپ رسی کا ہے
سوچتے سوچتے ہی نہ ڈر جائیے

دور کے ڈھول لگتے سہانے بہت
جس طرف جائیے دیکھ کر جائیے

جب ٹھکانہ نہیں کوئی منزل نہیں
راستے میں کہیں بھی اتر جائیے

کل کو شاید ہماری ضرورت نہ ہو
آج کے کام جتنے ہیں کر جائیے

اوتار (غزلیں) دیپک قمر

٦٨

نام تو جانے نہیں ہم راگنی کا
کیا عجب جادو تھا لیکن بانسری کا

کھول کے دیکھا تو غم کی راکھ پائی
ایک جادو کا پٹارا تھا خوشی کا

غم زدہ بیٹی کو دیکھا تو زمیں نے
جسم آنچل میں چھپایا جانکی کا

وہ ابھی تک ہے سمادھی میں سمایا
روپ کب دیکھے گا اپنی اروشی کا

رنگ اور خوشبو چمیلی کے بدن سی
پھول کھل اٹھا سنہری چاندنی کا

٦٩

کسمساتی شام ہے نمکین سلونی
جوں خیال امڑا ہوا اک سانولی کا

دل کو بچے کی طرح بہلائیے گا
ہاتھ آیا ہے کھلونا زندگی کا

رات بھر جاگے ہوئے اب سو رہے ہیں
بس نہیں چلتا ذرا بھی بھیروی کا

اردو ہندی کا ترانہ گیت میرا
ہے یشودھا لال بیٹا دیوکی کا

○

آیا کبھی خیال تو دل سے لپٹ گیا
کیسے سما کے پھر کوئی جیون سے ہٹ گیا

پروا چلی تھی گانٹھ کو آنچل سے باندھنے
دامن گھٹا کا ہاتھ میں آتے ہی پھٹ گیا

بیٹھے ہیں شام اوڑھ کے تنہائیوں میں ہم
اک ہنس اپنی ڈار سے جیسے ہو کٹ گیا

بدلا نگر نے باڑھ کا مہنہ اپنی سمت سے
ندیا میں بہہ کے گاؤں کا چھوٹا سا تٹ گیا

جھونکا تھا کیسا چلبلا پریوں کے دیش کا
برسوں کی سادھنا کا وہ آسن الٹ گیا

بھولے سے آیا میگھ کبھی دھوپ کے نگر
من مور ناچنے سے وہ پہلے ہی چھٹ گیا

تلواریں مندروں سے نکل کر جھپٹ پڑیں
صدیوں پرانا سر کا چمکتا مکٹ گیا

بھٹک بھٹک کر مارے مارے پھرنا بس کی بات نہیں
چین سے بیٹھیں کسی ٹھکانے یہ بھی اپنے ہاتھ نہیں

جیسے چاہو موڑ دو ان کو جیسے چاہو ڈھال بھی لو
کون کہے بچے کے من کی ماٹی کومل دھات نہیں

رک رک کر یہ رم جھم آنسو بہتے رہتے جیون بھر
آئے، چھم چھم برسے، جائے موسم کی برسات نہیں

کھوئے بچے سا پھرتا ہے، سکھ کی بیٹھک بھیڑ بھری
دکھ کی رہ پر چلے اکیلا، کوئی اس کے ساتھ نہیں

چاند سا مکھڑا اپ چمکے جائے، پریمی کو آرام کہاں
اس کی قسمت میں اندھیاروں کی سکھدائی رات نہیں

اونچ نیچ کے باٹ سے تولیں، سوداگر دنیا والے
مول ہمارا کیا ڈالیں گے، اپنی کوئی جات نہیں

○

ہاتھ سر پر پیار سے پھیرا نہیں
پیڑ کیا اس کا اگر سایا نہیں

زندگی کا ناچتا پتلا نہیں
جس کا دل پتھر ہے وہ زندہ نہیں

روشنی کا جال ہے بے شکل سا
دھند کا پردا کہیں لٹکا نہیں

کہہ گیا تھا آؤں گا ہر دور میں
آسماں سے دیوتا اترا نہیں

جب نشاں منزل کے دل میں مل گئے
اس نے پھر مڑ کے کبھی دیکھا نہیں

اوتار (غزلیں) دیپک قمر

۷۳

امن کا پیغام دے گا کس طرح
تیر کے بستر پہ جو لیٹا نہیں

موسموں کی اپسرائیں دیکھتیں
وقت کا راہی کہیں رکتا نہیں

کیا کرے گا مشکلیں آسان وہ
سن کے بھی جو بات تک سمجھا نہیں

روپ رس اور رنگ خوشبو کیا کریں
پھول یہ کیسا ہے جو ہنستا نہیں

○

چاندنی راتوں کے آنگن میں اگر پائیں اسے
ہم چھپا کر اس اندھیرے گھر میں لے آئیں اسے

بس میں اپنے کون مایا جال سے لائیں اسے
کوئی چٹکی پان میں ہم رکھ کے کھلوائیں اسے

سانولی سی شام ہے یا چھبیل کنیا ہے کوئی
جی میں آتا ہے بجھا کر لو سپٹ جائیں اسے

ترا آنچل اک کرن سا جھلملائے دور سے
در افق کا کھول کر تن من پہ پھیلائیں اسے

شہر میں اک ناگ نے پھیلائی زہریلی ہوا
ننھے منے پھول اپنے کیسے مہکائیں اسے

اوتار (غزلیں) دیپک قمر

۵۷

ایک طرفہ پیار کرنے کا زمانہ لد گیا
وقت نے بدلے ہیں تیور آؤ سمجھائیں اسے

مدتوں پہلے کے ہیں باقی ابھی نقش و نگار
کس طرح دل کھول کر تصویر دکھلائیں اسے

پیڑ یہ سرسبز ہو موسم کے جادو سے اگر
اک نئی پھولوں کی مالا روز پہنائیں اسے

اوتار (غزلیں) دیپک قمر

۷۶

کون ہے وہ، کون ہیں ہم، کس طرح اپنا کہیں
رکمنی گھر بیں ہے بیٹھی، کیا اسے رادھا کہیں

سوچتے رہتے ہیں پہروں، سوجھتا پھر بھی نہیں
کچھ نہیں کہنے کو باقی اب کہیں تو کیا کہیں

کس لئے مڑ مڑ کے آخر گھر کو آ جاتے ہیں ہم
اس کو چکر یا کوئی تقدیر کی ریکھا نہیں

پاگلوں نے توڑ ڈالی ہیں سبھی پابندیاں
بھیڑیوں کا ہے یہ ویرانہ جسے دنیا کہیں

اپنا جی لگتا نہیں کیوں بھیڑ کے بازار میں
کہنے والے سب اسے چلتا ہوا میلا کہیں

۲۲

چاہنے والوں کی آنکھیں بے طرح روشن ہوئیں
وہ اندھیری رات کو بھی صبح کا چہرا کہیں

ٹوٹتے ہی شاخ سے پھولوں کے گاہک آ گئے
زندگی کو موت سے ہم کس طرح مہنگا کہیں

ہر قدم دیکھے بنا ہم نے چھوا اس کا بدن
کون ہیں جو لمس کو دیدار کا پردا کہیں

اوتار (غزلیں) دیپک قمر

۷۸

○

کتنے خیال رات کی پلکوں میں آئے تھے
کرنوں نے سب چراغ سویرے بجھائے تھے

چلنا پڑا ہوا کو بھی دامن سنبھال کر
پھولوں کے ساتھ راہ میں کانٹے بچھائے تھے

پانی بچا کے رکھ لیا ویرانیوں کے بیچ
کس نے ہزاروں کوس سے پنچھی بلائے تھے

سرسبز وہ ہی پیڑ ہوا مور کی طرح
جس نے ہوا میں پنکھ سے پتے اڑائے تھے

رسم و رواج کی امر بیلوں نے ڈس لیا
ہم نے ازل سے خود ہی یہ بندھن بنائے تھے

اوتار (غزلیں) دیپک قمر

۷۹

تارے گئے کہاں، وہیں کے وہیں رہے
دن نے چھپائے جو وہی شب نے دکھائے تھے

بدلے لباس آدمی ہر رت کے رنگ میں
پتھر کے بگ میں آج کے کپڑے سلائے تھے

باہر فقیر نے کہیں ڈیرہ لگا لیا
بازار سارے شہر کے ہم نے سجائے تھے

الفاظ کا ہجوم تھا، پہچانتے کیسے
کتنے ہی بن بلائے کتابوں میں آئے تھے

○

پاس جسے ہم سمجھ رہے تھے دور بہت ہی نکلا وہ
زلفوں کا بہروپ بھرے اک بادل کا ٹکڑا وہ

کہنا، سننا، سبھی دکھاوا، ملنا، جلنا مجبوری
سکھ دکھ کا جب ساتھ نہیں ہے کیسے ہم اور کیسا وہ

بنا خوشی خوش رہنے والا، نیند چین کی سوتا ہے
سب سکھ پا کر دنیا روئے دیکھ دیکھ کر ہنستا وہ

اک دوجے بن سبھی ادھورے، رات نہیں تو دن بھی نہیں
دونوں مل کر بنیں اکائی، آدھے ہم اور آدھا وہ

روز روز کا آنا جانا، شکل پہ پردہ ڈالے تھا
جب نہ ملے ہم اک مدت تک، تب ہی گیا پہچانا وہ

ہریالی چیتوں میں تھیں، ان کھلی اشاروں کی کلیاں
جب بھی دیکھا ساتھ تھا کوئی، کن اکھیوں سے دیکھا وہ

دور اڑانیں بھرنے والا، گھاٹ گھاٹ پانی پیتا
ہم موسم کا رین بسیرا، آتا جاتا رہتا وہ

دل ہلا آکاش کا ، پاتال کا
تیز جھٹکا دور تک بھونچال کا

کس کے ہاتھوں کی پہنچ میں آئے گا
آم سب کو دیکھتا ہے ڈال کا

سب کی آنکھیں لگ گئیں اس راہ پر
کس نے یوں انداز بدلا چال کا

کیسے بھنوروں کو ملی اس کی خبر
کھل گیا ہے پھول سولہ سال کا

بچ کے نکلو تم ہواؤں کی طرح
راستہ ہے تتلیوں کے جال کا

پھول اور پھل بانٹتا درویش سا
پیڑ نے پہنا ہے چولا چھال کا

کس لیے کرتا ہے اتنی دوڑ دھوپ
دیکھتا دریا کو پانی تال کا

اوتار (غزلیں) دیپک قمر

۸۲

○

دیپک کسی کے پیار کا پہلے جلائیے
پھر اس اندھیری رات میں بے خوف جائیے

لمبے سفر میں دور کی بیکار سوچ ہے
جب تک یہ چلتی جائے ہے گاڑی چلائیے

خاموش گھر میں بیٹھ کر گتھی کو کھولئے
رستے میں شور وغل کا نہ میلہ لگائیے

آنچل خوشی کا گھر میں مہکتا رہے سدا
پھولوں کی کلیاں روز ہی چن چن کے لائیے

دیواریں توڑ پھوڑ کر مل جائیے کہیں
بچوں کے واسطے کھلا آنگن بنائیے

کرنوں کی پریاں آئیں گی اجلے لباس میں
پردے ہزار راستے کے رہ میں گرائیے

پھولوں کے، بادلوں کے، پرندوں کے ساتھ ساتھ
خوشبو کا جل کا، گیت کا اتسو منائیے

ایک پل کو ہم ملے، جوگی کا پھیرا ہوگیا
کیا ہوا جو سامنا یوں تیرا میرا ہوگیا

رات بھر جاگا کئے، پچھلے پہر ہم سو گئے
کیا کہیں، کس سے کہیں کیسے سویرا ہوگیا

بال بکھرے سرمئی سے چاند پر چھانے لگے
رات گہری کیا ہوئی، بادل گھنیرا ہوگیا

سب بچھڑتے جا رہے ہیں باری باری چھوڑ کر
گھر جسے کہتے تھے بن جارے کا ڈیرا ہوگیا

تنگ سیما چھوڑ کر سارا جہاں اس کا ہوا
جب کرن باہر چلی، گھر گھر بسیرا ہوا

۸۴

اتنی دیواروں نے چاروں سمت سے گھیرا اسے
دھوپ کی نگری میں دن رہتے اندھیرا ہو گیا

اس سے اچھا گاؤں تھا ہم جیسے لوگوں کے لیے
ہر کوئی اس شہر میں آکر لٹیرا ہو گیا

چُگ رہا تھا موتیوں کو تٹ پہ بیٹھا راج ہنس
جھیل کی موجوں میں کیا دیکھا مچھیرا ہو گیا

اوتار (غزلیں) دیپک قمر

۸۵

○

کچھ نہ کرتے ہوئے کام کے بھی رہو
بیٹھے بیٹھے کمر باندھتے بھی رہو

کوئی رہ رہ کے آواز دیتا رہا
نیند کی گود میں جاگتے بھی رہو

بند در بھی رکھو، یہ ضروری سہی
کھڑکیوں کو مگر کھولتے بھی رہو

سامنے جو ملیں تو گذر جائیے
ان کے نقشِ قدم ڈھونڈتے بھی رہو

پلکوں پلکوں چنو، تنکا تنکا خوشی
دونوں ہاتھوں سے یہ بانٹتے بھی رہو

اوتار (غزلیں) دیپک قمر

۸۶

نیند گہری ہے، خواب سجتے رہیں
آنکھ یوں موند لو دیکھتے بھی رہو

رنگ خوشیوں کا ہو غم کا پانی بھی ہو
میگھ میں یوں دھنک گھولتے بھی رہو

جو ہوا سو ہوا اس کا غم نہ کرو
بات کل کی مگر سوچتے بھی رہو

بے تقاضا سہی وقت کا ساتھ دو
گھر میں بیٹھو کبھی گھومتے بھی رہو

ایک چپ سے نہیں کام چلتا یہاں
بات کہنے کی ہو بولتے بھی رہو

◒

○

پھول پتوں کا سلسلہ ہوگا
گھر ہمارا ہرا بھرا ہوگا

جانے ور ہے کہ شاب ہے کوئی
سب میں رہ کے بھی وہ جدا ہوگا

بوجھ لگتا ہے دل پہ پربت سا
دیکھ کر بھی وہ چپ رہا ہوگا

اب ارادوں کی باگ کو کھولیں
قافلہ تو گذر گیا ہوگا

چاند سورج کو چھوڑ کر اک دن
اپنے ہاتھوں میں اک دیا ہوگا

جو لگائے گا سوچ پر بندھن
بات بے بات بھی خفا ہوگا

تیری کھڑکی میں جو چہکتا ہے
وہ پکھیرو کبھی ہوا ہوگا

○

آکاش کا وہ پیڑ ہے جس کا نشاں نہیں
آواز ہے وہ وقت کی لیکن زباں نہیں

سر میں لگن ہے پاؤں میں ہے دوڑ دھوپ بھی
دل میں خوشی کہاں کہ بدن درمیاں نہیں

اپنی ہی دھن میں راہ سے بے راہ ہو گئے
کوسوں تلک ہے دشت مگر کارواں نہیں

راضی ہیں جائیں ہر طرف ملنے کے واسطے
لیکن کوئی بتائے ہمیں وہ کہاں نہیں

اتنا تو جانتے ہیں کہ آتے ہیں روز تیر
ہاتھوں کا کچھ پتہ نہیں، دیکھی کماں نہیں

تختی ہو ترے نام کی جس گھر کے ہاتھ میں
اس شہر بھر میں کوئی بھی ایسا مکاں نہیں

چلتے ہوئے یوں راہ میں ہو جائے گا گم
ساگر کی سمت من چلا دریا رواں نہیں

○

یقیں کے واسطے دل میں گماں ہو
شرر ہو بعد میں پہلے دھواں ہو

محبت کامیاب و کامراں ہیں
کوئی بچہ ہمارے درمیاں ہو

خموشی رات سے گھیرے ہوئے ہے
مری آواز کے پنچھی کہاں ہو

پتہ پاکر وہی پہنچے گا اس تک
جو پہلے آب بے گھر بے نشاں ہو

ندی کیوں جھیل میں ستا رہی ہے
ملے ساگر سے جو پانی رواں ہو

ہمارا پیار ہو برگد کی شاخیں
بڑھے جو عمر تو دونا جواں ہو

سوالوں کو جوابوں سے نہ باندھو
تمہاری زندگی بس داستاں ہو

۹۰

پیار والوں کی زندگی جیسے
چھوئی موئی کی پنکھڑی جیسے

انگ چھوتے ہی سُدھ نہیں رہتی
کوئی جادو کی ہو چھڑی جیسے

شہر اجڑا ہے کس کے جانے سے
چڑھ کے ندیا اتر گئی جیسے

گھر میں رہ کر بھی گھر سے باہر ہیں
ہم ہیں اپنوں میں اجنبی جیسے

اب ہیں بے نام بھیڑ کے رشتے
جان پہچان کھو گئی جیسے

کھل کے کہنا بھی اب تو مشکل ہے
گانٹھ دل میں ہو باندھ لی جیسے

ایک پل وہ تمہارے ملنے کا
رُک گئی وقت کی گھڑی جیسے

○

رات دن چلتا ہے چرچا کیا کہیں
دیکھتے ہیں سب تماشا کیا کہیں

سخت پھندا ہے ہزاروں سال کا
کس نے بن گانٹھوں کے باندھا کیا کہیں

جگنوؤں کا جھنڈ من میں آبسا
ہے اجالا یا اندھیرا' کیا کہیں

لینے دینے سے ہوئے کتنے وہ خوش
کھا گئے دونوں ہی دھوکہ' کیا کہیں

بادلوں کے پیڑ اُگ آئے گھنے
کب دھنک ڈالے گی جھولا' کیا کہیں

بیل کولھو میں ہے کب سے گھومتا
کیسی منزل' کیا رستہ' کیا کہیں

یہ کس موسم نے خط ان کو لکھا ہے
سبھی پھولوں کا ماتھے پر پتہ ہے

یونہی کھو جائے گا وہ چلتے چلتے
کبھی جھونکا کبھی رستے میں رکا ہے

کرن گاڑے گی خیمہ کس جگہ پر
یہاں جنگل اندھیرا اور گھنا ہے

کوئی بھی چھو نہیں پایا بدن کو
لٹکتا پھل وہ تازہ ڈال کا ہے

کھلے در ہیں کوئی آئے کوئی جائے
کھنڈر چھوٹا سہی دل تو بڑا ہے

ہمارے مال کا ہے دام زیادہ
پرایا ہے مگر لگتا نیا ہے

اوتار (غزلیں) دیپک قمر

۹۳

○

زرد پتے اگر بکھر جائیں
پیڑ پودے سبھی سنور جائیں

سر اٹھائیں گے راستے والے
تیز جھونکے ذرا گذر جائیں

وہ ہی آنسو ہیں موتیوں جیسے
آنکھ سے دل میں جو اتر جائیں

ایسا ملنا کبھی کوئی ملنا ہے
کاش لمحے ذرا ٹھہر جائیں

بجھ نہ جائے دیا اکیلے میں
آگ سینے کی اس میں دھر جائیں

ہاتھ خالی ہے جیب خالی ہے
کس طرح لوٹ کے وہ گھر جائیں

○

نرم ہی نرم تھا "تازہ" تازہ
دل کا جب جب بھی انارا چھلکا

روشنی دل میں بچا کر رکھو
کہہ گیا شام کو سورج ڈھلتا

ساتھ رہ کر بھی دور دور رہا
خوب سائے کا تماشا دیکھا

سب برابر تھے چلے جب واپس
کھیل میں کوئی نہ ہارا جیتا

بولنے والے کے دل کو چھو کر
بول ہو جاتا ہے بھاری ہلکا

چھپ گئے انگ سبھی دھرتی کے
دھند کا کرتا ہے ڈھیلا ڈھالا

یہ تو سیڑھی ہے ملاقاتوں کی
بے بدن کوئی نہیں ہے سایہ

اوتار (غزلیں) — دیپک قمر

۹۵

آگ کی بھٹی میں دنیا کو تپایا جائے
بعد میں موم سا انسان بنایا جائے

کیسے مل جل کے سبھی ساتھ وہاں رہتے ہیں
شہر والوں کو کبھی بن بھی دکھایا جائے

کتنے قصوں سے سجیں رنگ برنگی باتیں
کس کو ہم یاد رکھیں، کس کو بھلایا جائے

زندگی جیسے کوئی راجکماری چپ سی
کون سی بات کے جادو سے ہنسایا جائے

ہر طرف شہر میں بے جان بھون پتھر کے
نرم مٹی میں کہیں پیڑ لگایا جائے

آج کے دور کا راون ہے بہت ہی ضدی
جب یہ جل جائے تو پھر گہرا دبایا جائے

نیچے بازار میں مرغوں کی لڑائی کا سماں
بیٹھ کے چھت پہ کبوتر ہی اڑایا جائے

کیا دباتے ہو اور اچھلے گا
اپنی فطرت یہ دل نہ بدلے گا

تیر مارو زمین کے اندر
تیز پانی کا جھرنہ نکلے گا

تھک کے بیٹھے گا جو بھی رستے میں
رت کا ہاتھی اسی کو مسلے گا

ہیں کھلونے بہت دکانوں میں
دل کا بالک ضرور مچلے گا

بارشوں میں کہیں بھی مت جاؤ
پاؤں چکنی زمیں پہ پھسلے گا

چھیڑ من کو کبھی نہ بھولے سے
ناگ زہری ہے تجھکو ڈس لے گا

○

چور راستے سے پھر اس کی یاد آ گئی
بات کی کرکری آنکھ چھلکا گئی

موت، ہر موڑ پر جال پھیلا گئی
زندگی راہ نکلنے کی دکھلا گئی

دھوپ کی ایک بیٹی تھی سورج مکھی
سائے میں دم گھٹا اور کمہلا گئی

لاج ونتی دھنک بیل تھی خواب کی
باتھ لگنے سے پہلے ہی بل کھا گئی

گھر سے باہر بھی دنیا ہے کرنوں بھری
بھور کی ایک چڑیا یہ بتلا گئی

اوتار (غزلیں) دیپک قمر

۹۸

داستاں دن کی پوری ہوئی اس طرح
بھیس بدلے ہوئے نیند بھی آ گئی

خامشی فاختہ بن کے دل میں چھپی
ہر طرف شور کرتی گھٹا چھا گئی

ہنستی رہتی تھی بھولی چمبیلی سدا
اک امر بیل چنتا میں الجھا گئی

●

اترتی گھور گھٹاؤں سے اک پری دیکھی
کرن مکان کی کھڑکی سے جھانکتی دیکھی

سبھی مکان تھے نگری کے زرد پتوں سے
بہت بلند حویلی بھی کاغذی دیکھی

ذرا جو گہرے اترتے تو راز کھل جاتے
کتاب ہم نے محبت کی سرسری دیکھی

کھنڈر کے اندھے پرندے نے کالی راتوں کو
گھنے اندھیروں کے چہرے پہ روشنی دیکھی

ہوا میں موت کی چیلوں کے پنکھ پھیلے تھے
زمیں پہ تیروں کے بستر پہ زندگی دیکھی

کہیں پہ دھوپ نہیں اور کہیں پہ میگھ نہیں
ہر اک قدم پہ کسی شے کی کچھ کمی دیکھی

ابھی تو چھو کے یہ پرتیں ہیں چند برسوں کی
بہت ہی دور سے ہم نے نئی صدی دیکھی

○

سبھی تیر ہنس ہنس کے جو کھائیں گے
وہ جھنڈا زمانے کا پھیرائیں گے

یہ مانا کہ تنکے اٹھا لائیں گے
نیا گھونسلہ کیا بنا پائیں گے

ہوا کی سواری کریں سوچ کر
یہاں سے اڑے تو کہاں جائیں گے

اگر آس کا چاند باقی رہا
کسی رات پھر لوٹ کر آئیں گے

جوانی میں سب کچھ ہرا ہی لگے
کبھی دیکھ درپن وہ ڈر جائیں گے

جیسے گنگناتا ہے پنچھی کوئی
کبھی راہ چلتے ہوئے گائیں گے

سر پہ اپنے یہاں کوئی پنکھا نہیں
بھولا بھٹکا سا جھونکا کبھی چلتا نہیں

آنکھ میں ڈال لیں تو دکھائی نہ دے
اس اندھیرے نگر میں وہ سرمہ نہیں

جس کی خاطر رہے رات بھر جاگتے
وہ ستارہ نصیبوں کا چمکا نہیں

ہر کسی کے لیے وزن اپنا الگ
بوجھ بھاری نہیں بوجھ ہلکا نہیں

کتنا پربت کا جنگل ہے نوچا ہوا
کوئی بادل نہیں، کوئی دریا نہیں

سینکڑوں سال کی کشتیاں اب کہاں
کوئی دریا نگر بیچ بہتا نہیں

اوتار (غزلیں) دیپک قمر

۱۰۲

○

وہ اگر میلے میں جانے کے لیے تیار ہو
گاؤں کی پگڈنڈیوں پر دور تک جھنکار ہو

کیسری چولا محبت کا جو پہنے سورما
ہر کوئی ہتھیار اس کے سامنے بیکار ہو

وہ نہیں چوپال ہم سے پنچھیوں کی شام کا
جس جگہ ہر بات پر بے بات کی تکرار ہو

اے ہوا اس بن میں لے چل تو ہمیں
جس میں پیڑوں، پنچھیوں کی ہر طرف بھرمار ہو

دوریاں، لاچاریاں اور بندشیں سب ختم ہیں
ایک چھوٹے گھر کی دیکھا کس طرح سے پار ہو

وہ دبے قدموں نکل جائے گا دل کے پاس سے
راہ تکتے سو گیا جو، کس طرح بیدار ہو

وہ زباں والا ہے گونگا، کان سے بہرا ابھی ہے
سر پہ جس کے ہر گھڑی لٹکی ہوئی تلوار ہو

○

ریت کے شہر میں نامور کون ہیں
دیوتاؤ بتاؤ امر کون ہیں

دھوپ صحرا کی بے سائے کا سائباں
مرے دل میں اُگے یہ شجر کون ہیں

ہم کو ملتا نہیں کچھ بھی نام و نشاں
سب نگلتے ہوئے یہ بھنور کون ہیں

کتنی آنکھیں زمانوں کی ہیں جھانکتیں
گہری گم نامیوں کے کھنڈر کون ہیں

دوست آیا اگر بن کے پنچھی نہیں
بادلوں کے سیہ بال و پر کون ہیں

چکنے چہروں پہ بوندوں سے کیا پوچھئے
پر اثر کون ہیں بے اثر کون ہیں

وقت کی بجلیاں، برچھیاں گھونپتیں
تم میں شہر کے اونچے نگر کون ہیں

○

سب اندھیرے گھروں میں اجالے کئے
دوسروں کے لیے ایک اک پل جیے

کب سے بھیگا ہوا پیڑ کا جسم ہے
لائے موسم نئے دھوپ کے تولیے

لوٹ کر وقت لایا نہ لو کا بھرم
ہم بہاتے رہے اک ندی میں دیے

غم ملا جو کسی کو تو منزل ملی
کوئی بھٹکا کیا اک خوشی کے لیے

ایک انجیر سا دل ملا ہو جسے
کون سی سوئی سے گھاؤ اپنے سیے

مرتے مرتے بھی وہ کام آتا رہا
زندگی کا چلن پیڑ سے سیکھئے

آشیانے بنائے جنہوں نے یہاں
وہ پرندے نہ جانے کدھر چل دیئے

○

دل بڑا دھرتی سا ہونا چاہیے
اس میں ہر رس کو سمونا چاہیے

ایک دن مل جائیں گے اس سے رتن
پانیوں کا دل بلونا چاہیے

یاد ہو یا خواب ہو یا درد ہو
بارشوں میں من بھگونا چاہیے

اس طرح گھٹ گھٹ کے مر جائیں گے ہم
لگ کے دیواروں سے رونا چاہیے

کچھ نہ ہونا حادثے سے کم نہیں
کچھ نہ کچھ ہر وقت ہونا چاہیے

آخری پل کے لیے مت ٹالیے
جیتے جی کچھ دیر سونا چاہیے

ان کی گردن کے مہکتے ہار میں
گیت اپنا بھی پرونا چاہیے

عمر جو بیت گئی پھر سے ملے گی کیسے
یہ تو گنگا ہے ہمالے کو بہے گی کیسے

فاصلے کاٹ کے آواز ہماری سن لو
دور ہی دور سے یوں بات بنے گی کیسے

چلتے چلتے ہی لپٹ جاتی ہے سب سے خوشبو
ایسی ہرجائی پری ساتھ رہے گی کیسے

پاس سے اڑتی گھٹا بن کے اگر گذرو گے
جو صراحی ابھی خالی ہے بھرے گی کیسے

خواب ہی خواب دھنک رنگ چلے آتے ہیں
اڑتے رنگوں سے یہ تصویر بنے گی کیسے

پھول پتوں کی طرح کانپ رہی ہے کایا
چوٹ پہ چوٹ زمانے کی سہے گی کیسے

○

کسی بھونچال کے نیچے دبیں گے
محل خوابوں کے گم ہو کر رہیں گے

کبھی آواز کھو جائے گی ایسے
ہم اپنی بات بھی کم سن سکیں گے

یہ وِش کنیا ہے پالی ناگنوں نے
جو چُومیں گے اِسے آخر مریں گے

کہیں تو پھینک دے مالا سروں کی
ترے سائے سے بھی بچے ڈریں گے

یہ بادل ہے ہزاروں ہاتھ والا
سبھی تالاب پانی سے بھریں گے

لکھا تدبیر کا سمجھے نہ کوئی
لکیریں ہاتھ کی کیسے پڑھیں گے

ترے آنسو بنیں گے بیج کل کے
انہیں سے پھول گلشن میں ہنسیں گے

○

بدلتے وقت نے منظر دکھا دیئے کیا کیا
ہماری آنکھ سے پردے اٹھا دیئے کیا کیا

کیا تھا قتل جسے خود ہی شہر والوں نے
اسی کی موت پہ جھنڈے جھکا دیئے کیا کیا

ہزار وہم و گماں روکتے ہیں راہوں میں
کتاب والوں نے پہرے ہٹا دیئے کیا کیا

گزر گئی ہے یہ آندھی نگر سے تیز قدم
چراغ محلوں کے لیکن بجھا دیئے کیا کیا

جواب ان کے نئی نسل کو ملیں شاید
سوال سب کے دلوں میں اٹھا دئے کیا کیا

نجانے کس کے نصیبوں ہے صبح کا سورج
دیئے اندھیروں میں شب نے جلا دے کیا کیا

○

چاند، تارے، رات، خوشبو، پھول، شبنم، تتلیاں
اس سے آگے کیوں نہیں بڑھتی تمہاری داستاں

فاصلوں پر فاصلے ہیں، منزلوں پر منزلیں
چل رہے ہیں چلنے والے کارواں در کارواں

ڈھونڈیئے تنہا سی دنیا ان سناروں میں کہیں
اب یہاں پھیلی ہوئی ہیں بستیاں ہی بستیاں

کھنڈروں میں ایک سایہ گھومتا ہے رات دن
اپنی گذری زندگی کے کھوجتا ہے وہ نشاں

کوئی آنگن پیڑ والا اور نہ چڑیوں کی اڑان
اب نہ وہ پہلے سی گلیاں اور نہ پہلے سے مکاں

اب مشینوں سے ہیں بچے زندگی کی ڈور میں
سر پہ لادے پھر رہے ہیں وہ کتابوں کی دکاں

من کی دھرتی ایک ذرّے سے زیادہ کچھ نہیں
سب خیالوں کی حدوں سے بھی پرے ہے آسماں

بات ہم کیا کریں اس خریدار سے
ایک مینا جو لایا ہے بازار سے

پھول بوٹے بنائے تھے کیا کیا کبھی
سب نشاں مٹ گئے گھر کی دیوار سے

سب گھٹاؤں کے رسیا بہے باڑھ میں
یہ خبر آئی موسم کے اخبار سے

آج تک جو ہوا دیکھتے کیوں رہے
کون پوچھے نئے یگ کے اوتار سے

کالے گھن گھور بادل اٹھے جھومتے
کاٹ دے ان کے پھن کوئی تلوار سے

آگ کوئی لگا کر گیا شہر میں
لوگ بیٹھے تھے گھر گھر میں لاچار سے

رہ گئی لال ڈوری ہی آکاش میں
گر گئے سارے موتی کہاں ہار سے

اوتار (غزلیں) دیپک قمر

۱۱۱

چھپے بیٹھے ہیں دنیا کی نظر سے
نکلتے کیوں نہیں جانے وہ گھر سے

ہماری رات کی جھولی تھی خالی
ستارے ٹوٹ کر کتنا ہی برسے

کناروں کی بھی سوچیں گے مسافر
رہا ہو جائیں پہلے وہ بھنور سے

خموشی کے کنوئیں میں کھو گئیں سب
بہت آوازیں اٹھتی تھیں نگر سے

ہوا صحرا میں جیسے دھوپ ڈھونڈے
پہاڑوں پر کوئی بادل کو ترسے

۱۱۲

بکھیر دو پھول سارے راستے میں
کرن آئے گی شبنم کی ڈگر سے

ہمارے پاؤں ہیں پربت سے بھاری
تھکے ہیں کس قدر لمبے سفر سے

بڑا بہروپیا خوابوں کا پنچھی
سبھی در بند تھے آیا کدھر سے

سبھی پھولوں سے کیا کیا رت ہیں ڈالی
بچاؤ اس کو پت جھڑ کی نظر سے

آج کے کسی ادیب کی کوئی تحریر اٹھاکر دیکھ لیجئے۔ اِس سرے سے اُس سرے تک یہ کیفیت نظر آئے گی کہ اس میں آپ کو ایران' توران کی باتیں تو مل جائیں گی لیکن نہیں ملیں گی تو ہندوستان کی بات نہیں ملے گی۔

ایسے میں اگر کوئی ادیب ہندوستان کی بابت سوچتا ہے اور اسے یہیں کی زبان میں بیان بھی کرتا ہے تو ہمیں اُس کی جرأت رندانہ کی داد دینا پڑے گی۔ ایسے ہی ایک ادیب جناب دیپک قمر ہیں۔ پچھلے دنوں اُن کے دو شعری مجموعے 'انمول' اور 'بول ابول' میری نظر سے گزرے۔ زبان ایسی سادہ اور روزمرہ سے اتنی قریب کہ مسرت آمیز حیرت ہوئی۔ انمول میں انھوں نے جو زبان استعمال کی ہے وہ گاندھی جی کی ہندوستانی ہے۔ اسے آپ فارسی رسم الخط میں لکھیں تو اردو کہلائے اور دیوناگری لپی میں لکھیں تو ہندی۔ لیکن رسم الخط کے اِس فرق سے کہیں غزل کا لطف ضائع نہ ہوگا۔ اگر ہمارے مصنفوں اور شاعروں نے گاندھی جی کے اس مشورے پر عمل کیا ہوتا تو ہندی اردو کا بکھیڑا کبھی کھڑا ہی نہ ہوا ہوتا۔ لیکن ہونی کو کون ٹال سکتا ہے۔

دیپک قمر نے نیا تجربہ کیا ہے' ان کی ہلکی پھلکی غزلوں میں لطف ہے اور ان کا پڑھنے والا دوسری دنیا میں پہنچ جاتا ہے' انھوں نے ہماری زبان کو نئے الفاظ دینے کی کوشش کی ہے جو ممکن ہے کثرتِ استعمال سے ایک دن زبان کا حصہ بن جائیں۔ اسی طرح سے زبانوں کا خزانہ مالا مال ہوتا ہے اور ہمیں اس سے رکنا نہیں چاہیئے۔

مالک رام

دیپک قمر نے نئی غزل کے کارواں کو نئی رتوں اور نئی ہواؤں میں سانس لینا سکھایا ہے۔ ان کی بظاہر کچھ کھُردری سی زبان میں تخلیقی تجربات کی نرمی اور تازہ کاری ریشم کے لچھوں کی طرح خوبصورت اور تہ دار ہوتی ہے۔ اُن کے اشعار میں جو نئی حسیت ہے وہ جدیدیت کے فارمولوں یا نعروں کی دین نہیں بلکہ اکثر وہ ان کے رومانی تجربوں سے نورس کونپلوں کی طرح پھوٹتی ہے اُن کی ہر غزل میں ایسے اشعار مل جاتے ہیں جو اِس پُرآشوب دَور کی کرب ناکیوں کا پرتو ہوتے ہیں۔ جن میں انسانی وجود اور اس کی مقدس اقدار کڑی آزمائشوں سے گزرتی ہیں۔

دیپک قمر کی غزلوں کا جو ہیرو ہے وہ آج کی دھواں دھواں زندگی کا تماشائی بھی ہے اور تماشا بھی۔ اگر وہ ایک جنگ انسان دشمن طاقتوں کے خلاف لڑ رہا ہے تو ایک آویزش اس کے اپنے وجود میں جاری ہے۔ اسی لیے دیپک قمر کی غزل ہم عصر انسانیت کے بحران کی ترجمان بن گئی ہے۔ فنی اور جمالیاتی سطح پر اس کا ارتقا اور فروغ جاری ہے جو امید ہے کہ اُن کے نئے مجموعوں میں زیادہ پختہ کار اور قدر آفریں ہوگا۔

پروفیسر قمر رئیس